Entrenar la fuerza interior y la fuerza de voluntad

Cómo encontrar una vida autodeterminada y feliz sin bloqueos internos con un entrenamiento mental eficaz

Cornelio Berger

CONTENIDO

Qué puedes esperar de este libro

Hay personas que tienen un plan preciso de cómo alcanzarán sus objetivos de forma coherente y no dejan lugar a dudas de que realmente lo harán. No dejan que nada les detenga, ni los contratiempos imprevistos ni otros obstáculos. Encuentran una solución a cada problema y crecen a partir de los retos a los que se enfrentan. Otras personas, en cambio, no tienen ninguna de estas cualidades y, por tanto, se sienten rápidamente abrumadas o incapaces de hacer frente a una situación. Ahora llegamos a la pregunta: ¿cuál es la diferencia crucial entre ellos?

La respuesta es: fuerza mental

Es un atributo que no todos poseen, pero que todos pueden aprender. En los siguientes capítulos aprenderás todo lo que necesitas saber sobre la fuerza mental y cómo puedes entrenarla mejor, utilizarla y, en definitiva, lograr éxitos completamente nuevos en todos los ámbitos de la vida.

¿Qué es exactamente la fuerza mental?

La fuerza mental es un término que contiene toda una serie de cualidades positivas y puede que incluso signifique algo para ti, pero lo que realmente hay detrás de ella es algo que la mayoría de la gente sólo es capaz de adivinar. En primer lugar, abordemos la pregunta: ¿Qué es exactamente la fuerza mental? Su definición es relativamente fácil de explicar:

La fortaleza mental es una habilidad que te ayuda a rendir de forma óptima y a tomar decisiones orientadas al éxito, independientemente de las influencias a las que estés expuesto en ese momento. Cuando te enfrentas a situaciones difíciles o estresantes, te ayuda ser fuerte mentalmente para actuar de forma más relajada y segura. La fortaleza mental es, por tanto, sinónimo de estabilidad emocional. El término general procede del lenguaje coloquial, pero entretanto también existen varias definiciones tanto científicas como psicológicas del mismo, sobre las que aprenderás más adelante. Muy a menudo, sobre todo en sus orígenes, este término se ha utilizado en un contexto deportivo. La idea básica real era la siguiente Los deportistas de cualquier tipo que poseen fuerza mental tienen una gran ventaja sobre sus oponentes en la competición. La fuerza mental es, por tanto, un factor decisivo que puede determinar la victoria y la derrota. Al menos esa era la suposición.

¿CUÁLES SON SUS RASGOS DIS-TINTIVOS?

A estas alturas debes estar preguntándote cómo es esta fuerza mental para reconocerla realmente como tal. Los investigadores han interrogado intensamente a los deportistas y han coincidido en que una característica muy decisiva se repetía entre los entrevistados, a saber, la firme creencia en uno mismo y en sus propias capacidades. También, la voluntad inquebrantable de alcanzar siempre los propios objetivos. Abandonar no es una opción, siguiendo el principio de "caerse, levantarse, seguir adelante".

Probablemente ya te habrás dado cuenta de que la propia confianza en uno mismo y la resistencia aparecen una y otra vez y son la piedra angular para reconocer y desarrollar la fuerza mental. La base, por supuesto, también consiste en un deseo especialmente fuerte de tener éxito. Hay todo un paquete de otras cualidades que la acompañan. Por ejemplo, la útil capacidad de centrarse en la tarea a pesar de las distracciones e interrupciones y de no permitir ninguna distracción. También es especialmente importante no perder el control psicológico de uno mismo tras una situación negativa o sorprendentemente exigente, y si lo pierdes, recuperarlo. Muchas personas mentalmente fuertes se caracterizan también porque consiguen ir más allá de sus propios límites, tanto físicos como emocionales, y aun así no pierden de vista su objetivo. La fortaleza mental significa ser capaz de permitir los miedos, pero sin dejar que guíen o determinen las propias acciones. En general, puede decirse que las personas mentalmente fuertes tienen una tolerancia a la frustración extremadamente alta, afrontan los obstáculos con una porción extra de fuerza de voluntad y pueden mantener la concentración en sus objetivos a pesar del estrés y de las situaciones agitadas y angustiosas.

Tal vez hayas descubierto una característica ya mencionada que también se aplique a ti.

¿PARA QUÉ SE NECESITA LA FUERZA MENTAL?

Ahora ya tienes una idea aproximada de para qué sirve la fuerza mental, pero para qué se necesita realmente se explica con detalle en el texto siguiente. Hay una diferencia crucial entre las personas que tienen éxito y las que no lo tienen tanto. Es su disposición a tomar no el camino más fácil, sino el más pedregoso, repleto de posibles reveses y obstáculos. Las personas mentalmente fuertes afrontan los retos en lugar de rehuirlos, y deciden racionalmente, entre el bien y el mal. Necesitan esta fuerza para impulsarse. Ya se trate de una alimentación sana o de problemas de pareja, la fortaleza mental puede ser útil en muchas situaciones distintas. Te ayuda a mantener la cabeza fría en cualquier crisis potencial, ya sea profesional o personal, y a abordar tus problemas con un sano grado de optimismo.

A las personas mentalmente fuertes también les resulta más fácil superar ciertos bloqueos. Cuando los pensamientos juegan en un bucle sin fin en nuestra mente, superarlos puede convertirse a menudo en un verdadero obstáculo. En general, los pensamientos y los sentimientos tienen mucho que ver con el entrenamiento mental. Los estímulos externos desencadenan en nosotros reacciones y patrones de pensamiento, que suelen desarrollarse en la infancia y se ven claramente reforzados por nuestro entorno. Los patrones de reacción y pensamiento son mecanismos sanos, pero con los años no sólo almacenan patrones de comportamiento útiles, sino también los que nos causan problemas en el ínterin. Se ha demostrado que nuestro "músculo cerebral", es decir, una sinapsis, gana fuerza con cada patrón de pensamiento negativo y tales vías en nuestros pensamientos tienen una gran influencia en nuestros sentimientos y, a largo plazo, también en nuestra salud mental. Incluso pueden afectar a nuestro sistema inmunitario y nervioso. Afortunadamente, este mecanismo puede interrumpirse construyendo una mentalidad positiva y un entrenamiento mental intensivo.

Casi todos los ámbitos de la vida se caracterizan por la fuerza mental, porque es la que más influye en que tengas éxito o no. Así pues, la fuerza mental es un factor clave para tu felicidad personal, pero también para facilitarte la vida y, simplemente, para afrontar mejor las dificultades menores o mayores. No todo el mundo tiene el privilegio y posee fuerza mental de nacimiento. Algunos se encuentran, sin pensarlo mucho, con las características mencionadas, mientras que otros no pueden comprender cómo sus semejantes pueden ir por la vida con tanta confianza en sí mismos y tanta resistencia. Sin embargo, lo bueno y esencial de la fuerza mental es que puede aprenderse, construirse y entrenarse conscientemente. En el siguiente capítulo aprenderás más sobre el entrenamiento mental.

¿Cómo funciona el entrenamiento mental?

Ahora conoces el gran papel que desempeñan tu propia voluntad y el poder de tus pensamientos para alcanzar realmente tus sueños y objetivos. La fuerza mental, independientemente de lo mucho o poco que una persona posea de ella, es la señal decisiva y puede ser aprendida, construida y entrenada por todos. El entrenamiento mental incluye todo un espectro de métodos destinados a aumentar tu competencia social y emocional, tu resiliencia, tus capacidades cognitivas y tu confianza en ti mismo. Se trata de aumentar tu disfrute de la vida y la búsqueda de la satisfacción y tu felicidad personal; de convertir en realidad sueños o deseos quizá olvidados hace tiempo. También te ayuda a hacer frente a cualquier tipo de estrés y te ayuda a recargar la energía necesaria para poder realizar todos tus planes.

Pero, ¿cómo funciona el entrenamiento mental? Imagina que estás aprendiendo un baile. Esto puede sonar extraño al principio, pero pronto comprenderás lo que hay detrás. Entonces: aprendes la coreografía, siempre un paso, una vuelta más y repites los mismos pasos cada día, una y otra vez, hasta que hayas analizado e interiorizado cada movimiento al detalle. Así es, a grandes rasgos, como funciona el entrenamiento mental. Ocupándote regularmente y de forma muy intensa de las secuencias de movimientos en tu mente, te vuelves cada vez más consciente de ciertos detalles y éstos se vuelven más claros. Tu propia percepción y visión de las cosas se agudizan.

Sólo con imaginar los movimientos, tus músculos responden con reacciones mínimas y, en general, se entrenan tus conexiones de músculos y nervios.

A través de las redes neuronales así formadas, se interiorizan específicamente determinados cursos de acción e incluso los comportamientos que reproduces en tu mente una y otra vez pueden contribuir enormemente al desarrollo de la personalidad. Nuestro subconsciente se activa mediante la imaginación pictórica de un determinado estado y, por tanto, el entrenamiento mental no sólo es eficaz en el deporte, sino que también puede aplicarse en cualquier otra situación posible de la vida cotidiana.

¿EN QUÉ ÁMBITOS SE UTILIZA?

Ahora puedes imaginar mucho más sobre el término "entrenamiento mental" y saber qué efecto puede tener en tu vida. Pero, ¿en qué ámbitos puede utilizarse conscientemente? Las primeras aplicaciones del entrenamiento mental tuvieron lugar en la ya mencionada psicología del deporte, y el entrenamiento mental se sigue utilizando profesionalmente en todos los ámbitos del deporte en la actualidad. En el deporte, el entrenamiento mental conduce a una mejora significativa de la concentración y ayuda enormemente en el aprendizaje de secuencias de movimiento.

El entrenamiento mental también tiene un efecto positivo en la escuela y, por tanto, puede resolver los bloqueos del aprendizaje y garantizar un mejor manejo de las situaciones difíciles. Casi suena como una especie de cura milagrosa para todo lo negativo, y en cierto modo lo es. Sin embargo, sigue siendo un entrenamiento que debe repetirse constantemente para que tus capacidades y talentos puedan desarrollarse de forma óptima.

¿QUÉ APORTA A TU DESARROLLO PERSONAL?

La mayoría de vosotros probablemente estéis familiarizados con la sensación de estar aburridos y faltos de energía en el trabajo, y sin saber muy bien por qué os falta el tan importante impulso precisamente en esos momentos. El entrenamiento mental facilita mucho tus tareas diarias y también aumenta tu motivación. Otro aspecto muy importante es el entorno social, donde tienes que enfrentarte a problemas interpersonales una y otra vez. El entrenamiento mental también puede aplicarse aquí.

La autorreflexión es una de las habilidades más importantes y contribuye de forma elemental al desarrollo mental de la personalidad. Es esencial para una vida feliz y el primer paso para construir una sana autoconfianza y vencer las dudas sobre uno mismo. Esta habilidad concreta significa observarse a uno mismo y ser consciente de los propios pensamientos y deseos. Este proceso mental consiste en explicar los propios sentimientos y pensamientos con la ayuda del razonamiento.

Estructurar la autorreflexión ayuda a definir claramente y fijar los propios deseos. Hay algunos métodos que están diseñados para utilizar impulsos externos para superar los propios problemas con nuevos pensamientos. En sí mismo, no es posible enfocar los métodos para la autorreflexión de forma equivocada. El único problema podría ser que eres demasiado crítico contigo mismo y no puedes aceptar frases motivadoras. Seguro que sabes que todo el mundo tiene debilidades y que éstas forman parte del ser humano. Si consigues interiorizar este hecho, parte del trabajo ya está hecho. Desgraciadamente, la gente tiene la mala costumbre de no seguir trabajando. Sin embargo, el trabajo continuo sobre uno mismo es crucial para el éxito futuro. Como ves, necesitas una cierta disciplina para ser realmente capaz de poner en práctica la autorreflexión.

Hay una especie de hoja de ejercicios de autoconocimiento. Te ayuda a reflexionar sobre tus creencias, emociones y tus tendencias sobre cómo reaccionas ante determinadas situaciones. Puede serte útil como guía para tus próximos pasos, es muy rápido y no tienes que hacer nada, salvo responder con la mayor sinceridad posible.

Pregúntate cuáles son tus mayores talentos y capacidades, y luego cuáles de tus talentos y capacidades te llenan de orgullo y satisfacción. A continuación, pregúntate qué rasgos y características especiales admiras en otras personas.
Y por último ¿Qué habilidades deseas desarrollar?

A primera vista, algunas de estas tareas parecen redundantes, pero esto varía de una persona a otra. Además, estas preguntas están pensadas para ayudarte a centrarte en las cosas que son importantes para tu vida futura. Una vez terminada la hoja de ejercicios, guárdala en un lugar seguro y deja que asimile lo que has escrito. Al cabo de unas semanas, puedes volver a sacar la hoja y leer tus respuestas para centrarte por completo en cómo respondes.

Lo mejor sería que la autorreflexión formara parte de tu rutina. No sólo debes autorreflexionar una o dos veces, sino repetir los ejercicios a intervalos regulares. Crea un ritmo claro que entrene tu fuerza mental. La autorreflexión requiere poco tiempo y, en general, puede acomodarse fácilmente a la vida cotidiana.

Por tanto, el entrenamiento mental contribuye mucho a tu desarrollo personal. Al centrarte en determinados objetivos, también se refuerza tu propia voluntad de vencer. Aumentará tu confianza en ti mismo, tu mente se recuperará mucho más fácilmente de los fracasos y serás capaz de afrontar nuevos retos mucho más rápido. Antes se ha mencionado que el entrenamiento mental también puede aplicarse en cualquier situación cotidiana.

¿CÓMO PUEDE INTEGRARSE EL ENTRENAMIENTO MENTAL EN LA VIDA COTIDIANA?

¿Sabías que cada día pasan por nuestra cabeza entre 60.000 y 70.000 pensamientos? Todo un mar de impresiones, sentimientos y consideraciones que recorren nuestro cuerpo. Este número es grande y poderoso. Pero de este número grande y poderoso, de todos nuestros pensamientos, un 86% son negativos y sólo un 14% son positivos o constructivos.

Tus pensamientos tienen la mayor influencia formativa en tu vida, éste es un hecho que no debe suprimirse. Nuestros pensamientos determinan y guían nuestras acciones, y nuestras acciones determinan nuestro comportamiento. Como probablemente puedas adivinar, nuestro comportamiento determina toda nuestra vida. Lo crucial aquí es que no debes dejarte guiar por creencias negativas. Frases como: "No puedo hacerlo", "Nunca lo conseguiré" o "Nunca seré lo bastante bueno", deben borrarse a partir de ahora de tu vocabulario y, sobre todo, de tus pensamientos, porque de lo contrario nunca podrás realizar plenamente tu potencial y tus objetivos serán mucho más difíciles de alcanzar. Si surgen esos pensamientos negativos, sofócalos con uno positivo y anímate por dentro: "¡Puedes hacerlo!".

Un ejercicio que debería ayudarte es comprobar tus propios pensamientos. Tómate el tiempo necesario para hacerlo.

Pregúntate qué es lo que más te preocupa en este momento, en qué piensas mucho y si tus pensamientos son más positivos o negativos. Luego pregúntate cómo tratas contigo mismo o cómo hablas contigo. Ahora viene la última pregunta: ¿Qué sentimientos afloran durante tu conversación interior contigo mismo?
Coge un bolígrafo y anota las respuestas en viñetas durante una semana aproximadamente. Las notas deben clasificarse en pensamientos de apoyo y pensamientos inhibidores. Asegúrate de anotar las afirmaciones positivas que te dices a ti mismo en situaciones especialmente difíciles. Repite estas palabras una y otra vez.

Por supuesto, los pensamientos negativos no pueden evitarse a largo plazo, no hay ningún botón que puedas pulsar que destierre todo lo malo de nuestra mente. Pero lo que puedes hacer es sustituir tu actitud negativa por una positiva y además mantenerla. Esto funciona muy bien con las afirmaciones. Una "afirmación" es una frase positiva que, si se repite con mucha regularidad, tiene el poder de cambiar tus pensamientos negativos. Por ejemplo, si te dices una y otra vez: "Tengo confianza en mí mismo", tu mente lo interioriza. De este modo, creas tu propio gusano auditivo personal que sirve de ancla para tu subconsciente.

Cómo entrenar tu fuerza mental

DIFERENTES TIPOS DE ENTRENA-MIENTO MENTAL

Existen muchos tipos diferentes y numerosas formas de entrenamiento mental. Una de las más conocidas probablemente te resulte familiar, pues se trata de la meditación. Quizá ya hayas tenido alguna experiencia con la meditación y sepas que el objetivo real es alcanzar la quietud absoluta y el vacío interior. Meditar es una forma extremadamente eficaz de alcanzar la paz, así como de recargar las pilas y desprenderte del estrés y otros pensamientos negativos. Incluso en medicina se recomienda la meditación para el insomnio, entre otras cosas, e incluso se ha demostrado que ayuda con la hipertensión. Durante la meditación, entrenas tu mente para que esté más serena y tranquila y para que se centre en ti mismo.

También está el entrenamiento autógeno. Este método tiene como objetivo la relajación y la calma, y se supone que también ayuda a mejorar la concentración. Repasas mentalmente ciertas frases que relajan y fortalecen el cuerpo al mismo tiempo. El entrenamiento autógeno generalmente desafía la tolerancia al estrés y en algunos casos ayuda con el dolor crónico. Este entrenamiento es un método de relajación basado en la autosugestión. Fue desarrollado a partir de la hipnosis por el psiquiatra berlinés Johannes Heinrich Schultz y se presentó oficialmente por primera vez en 1926. Sin embargo, para algunas personas este tipo de entrenamiento no es adecuado, por ejemplo para las que padecen esquizofrenia, ya que esta fuerte concentración podría desencadenar delirios. Este ejercicio también puede provocar ansiedad en los hipocondríacos.

Las afirmaciones ya mencionadas también son un ejercicio eficaz, o mantras seleccionados. Un mantra es una palabra o un verso entero. Los mantras consisten en determinados sonidos y ritmos cuyo objetivo es liberar energías positivas. Una afirmación, por otra parte, funciona de forma similar a un mantra, pero en lugar de funcionar a nivel sonoro, lo hace más bien a nivel mental. Son frases que se adaptan a ti y suelen ser breves, pero pueden lograr grandes cosas. Se pueden encontrar en el yoga y también en otras enseñanzas espirituales. Incluso si aún no has tenido ningún contacto real con estas áreas, puedes utilizar afirmaciones o mantras para fortalecer tu mentalidad y adquirir una actitud básica positiva y abierta.

Los patrones de pensamiento, las creencias y las convicciones que tú mismo has creado desempeñan un papel especial a la hora de entrenarte para tener una actitud más abierta. Es propio de la naturaleza humana pensar siempre primero que los propios pensamientos son los únicos verdaderos, dejando poco espacio a otras opiniones o a otras nuevas.

A través de ciertas experiencias en la infancia o la adolescencia, pueden formarse impresiones y creencias negativas que ayuden a determinar el resto de tu vida. En algunas situaciones, hay una especie de eco de estos principios negativos, que pueden hacerte dudar de tu propia inteligencia. Algo así también puede expresarse en el hecho de que pienses que no eres lo bastante bueno o de que atribuyas un mayor valor a lo que los demás piensan de ti y, por tanto, no te comportes como tú mismo.

Estos pensamientos son exactamente el problema, porque son un enorme obstáculo que limita tu deseo de crecer y también inhibe tu valentía. En la vida cotidiana, estos pensamientos pueden tener un efecto paralizante y afectar enormemente a tu autoestima. Aquí es exactamente donde entran en juego las afirmaciones y los mantras. A través de ellos, se puede entrenar al cerebro alimentándolo de optimismo y pensamientos positivos, que luego sustituyen a nuestras creencias negativas mediante la repetición constante. No es fácil convencer al cerebro de que reorganice sus pensamientos, pero es posible. La clave aquí es, de nuevo, la repetición. Requiere perseverancia y paciencia, pero frase a frase, los significados se interiorizan y así se construye una mentalidad absolutamente positiva.

Otra posibilidad son los ejercicios de atención plena. Mediante este ejercicio, entrenas tu mente para que se centre en una sola cosa. También entrenas tu experiencia consciente. Se supone que estos ejercicios ayudan a reducir el estrés. Suelen ser fáciles de hacer sin necesidad de herramientas especiales, por lo que pueden integrarse fácilmente en la vida cotidiana. Los ejercicios de atención plena son diversas técnicas que ayudan a reducir el estrés y a mejorar la autoconciencia. Se trata de experimentar el "aquí y ahora" de forma más consciente. En este contexto, mindfulness significa la disposición personal a aceptar lo que se nos presenta, sin sentimientos peyorativos ni aprobatorios. Se trata de la aceptación pura de algo. En el budismo, los ejercicios de atención plena tienen un valor muy elevado.

La reducción del estrés basada en la atención plena es especialmente adecuada para las personas cuya vida cotidiana implica mucho estrés y una actividad frenética, pero básicamente todo el mundo puede probar estos ejercicios. Lo importante es que te los tomes en serio y que, en general, estés abierto al método.

Además de la mediación y la atención plena ya mencionadas, la visualización también es un método popular. En la meditación clásica, prestamos atención principalmente a nuestra propia respiración y a las sensaciones que sentimos. Con la visualización, en cambio, te concentras en las imágenes interiores. Imaginas conscientemente las situaciones que te gustaría experimentar en la realidad. El cerebro no distingue entre realidad e imaginación cuando procesa imágenes. Este hecho puede ser útil durante la visualización para imaginar específicamente los resultados deseados. La visualización se utiliza a menudo antes de dormirse, ya que en ese momento uno se encuentra en un estado muy relajado. Esta técnica también se utiliza en los deportes de élite. Un experimento del psicólogo australiano Alan Richardson muestra los beneficios que puede tener la práctica regular de la visualización: dividió a un equipo de baloncesto en tres grupos. La cuestión era cuántos tiros libres podían lanzar cada uno de los jugadores. El primer grupo disponía de veinte minutos al día para hacerlo.

Al segundo grupo no se le permitió entrenar en la realidad, sino que sólo debía visualizar los tiros libres. El resto de los jugadores no debía entrenar en la realidad ni visualizar. El resultado fue más que impresionante. La capacidad de lanzar tiros libres mejoró casi tanto en el grupo de visualización como en el grupo que entrenó realmente, mientras que en el último grupo no se observó ninguna mejora.

La visualización es polifacética y puede aplicarse en la vida cotidiana. No importa si se trata de imaginar con todo detalle tus próximas vacaciones soñadas o de visualizar otro deseo. Las visualizaciones también sirven para reducir el estrés y contribuyen a una vida equilibrada.

Un estudio de 2011 demostró que la visualización guiada puede minimizar y aliviar las afecciones relacionadas con el estrés. Se ha demostrado que la visualización funciona mejor cuando no sólo imaginas tus deseos personales, sino que también intentas sentir al mismo tiempo las emociones asociadas. Esto significa, por ejemplo, que si imaginas que tu escritorio o lugar de trabajo es un lugar en el que te sientes muy bien, te pones en el estado emocional de alegría al visualizar. A través de los sentimientos positivos, el potencial de realización de lo visualizado aumenta enormemente.

Si utilizas estos métodos con regularidad, pronto notarás un efecto positivo en tu vida.

También puedes combinar distintos ejercicios para potenciar aún más el efecto.

Consejos y ejercicios útiles

Ya se han mencionado diversos tipos de ejercicios posibles, a continuación se te explicará con más detalle su realización. Al principio, los ejercicios pueden parecer un poco complicados, pero en el fondo son bastante sencillos. Puesto que la fuerza mental la puede aprender todo el mundo, el fortalecimiento de la mente también se puede hacer de forma bastante individual. Al hacerlo, es sumamente importante vencer de antemano las propias dudas sobre uno mismo. Las dudas sobre uno mismo son la razón principal por la que la gente no consigue realizar sus sueños.

A veces, todo puede ir bien en nuestras vidas y, por tanto, no darnos ninguna razón real para cuestionarnos. Pero de vez en cuando seguimos tropezando cuando nuestro propio camino cambia de repente. No siempre tienen por qué ser cambios negativos, también pueden ser momentos de alegría, como el nacimiento de un hijo, pero un acontecimiento así también puede ser otro motivo para dudar de uno mismo. Las preguntas sobre si uno es lo bastante bueno en su papel de padre o si lo está haciendo todo bien tientan a las personas a perder poco a poco la confianza en sí mismas y, por tanto, a dudar en última instancia de sí mismas y de sus decisiones.

Las personas siempre quieren satisfacer sus propias exigencias y tienen una idea muy precisa de cómo deben ser. Sin embargo, las situaciones nuevas o imprevistas también requieren nuevas reacciones y acciones, y antes de hacerte una lista de tareas o expectativas incumplibles, deberías centrarte en ellas. Las influencias externas desfavorables pueden ser un motivo de inseguridad en uno mismo tanto como, por ejemplo, un trabajo que no promete éxito o una relación de pareja conflictiva en la que a menudo hay acusaciones y peleas mutuas.

Si lo piensas detenidamente, te das cuenta de que una simple mirada o un comentario irreflexivo pueden bastar para alimentar la duda sobre uno mismo. Nuestro subconsciente reacciona así porque queremos agradar a los demás y, de lo contrario, temeríamos que se alejaran. El miedo a estar solo desempeña aquí un papel crucial. Si las dudas aumentan en frecuencia e intensidad, es aconsejable hacer algo al respecto.

Tienes que ver tus dudas sobre ti mismo como lo que son: Pensamientos. Nada más y nada menos. Tus ideas, tus exigencias y todas las expectativas que tienes de ti mismo sólo existen en tu cabeza. De ti depende si te dejas paralizar por posibles escenarios y eventualidades hasta el punto de hundirte en la duda sobre ti mismo, o si te centras activamente en lo que es realmente real. Si notas que tus dudas se vuelven demasiado poderosas o incontrolables, intenta sacudir suavemente la cabeza unas cuantas veces: esto puede despejar el desorden de tu mente y crear una visión más clara de las cosas. A continuación, respira hondo y pon nombre a tus pensamientos, algo como esto "Sólo estaba pensando que actué de forma totalmente estúpida en esta situación". El énfasis en "Sólo estaba pensando..." es muy importante.

El hecho de que pienses algo no significa automáticamente que sea cierto. Son sólo tus pensamientos personales. Si repites este ejercicio, te resultará mucho más fácil distanciarte de los pensamientos negativos. Recuerda siempre que la duda suele estar al principio del camino, y el éxito al final. Así que depende totalmente de ti averiguar a qué ejercicios responde mejor tu mente. Antes de pasar al entrenamiento mental propiamente dicho, aquí tienes algunos consejos que te ayudarán a ser mentalmente fuerte. La determinación es especialmente importante en este caso.

Estar orientado hacia un objetivo significa centrar los pensamientos, acciones y sentimientos en un objetivo durante un periodo de tiempo prolongado. Las personas orientadas a objetivos se esfuerzan conscientemente por alcanzar un estado objetivo, y lo más importante es saber lo que realmente quieres. Puedes proponerte lo que quieras, pero mientras te lo propongas a medias o no tengas objetivos bien definidos, no conseguirás nada.

Los objetivos no son sólo sueños que puedes perseguir a ciegas.

La esencia del pensamiento único es la firme intención de llevar realmente a la práctica tus intenciones planificadas. Para ello, no bastan los pensamientos repentinos y espontáneos, sino que necesitas una aspiración concreta a una cosa determinada. Los deseos y los objetivos también deben ser una cuestión del corazón y no sólo definirse con la cabeza.

Un estudio canadiense ha llegado a la conclusión de que los objetivos prolongan nuestra vida. Suena extraño al principio, pero de algún modo tiene sentido. El psicólogo Patrick Hill, de la Universidad de Carleton, descubrió que las personas que tienen un fuerte sentido de los objetivos se preocupan por llevar una vida más sana, valoran más su forma física y son, en conjunto, más felices que las que carecen de este rasgo. He aquí algunos consejos y sugerencias que puedes utilizar para empezar a ejercitar adecuadamente tu fuerza mental.

Ya sea en tu vida privada o profesional, tener objetivos es una parte indispensable de tu propio desarrollo. Si no te propones nada, no conseguirás nada. Sin conocer un camino preciso y tener en mente el objetivo final, careces de la comprensión del nivel de progreso que puedes haber alcanzado ya y de si incluso estás siguiendo el rumbo correcto. Sin conocer el rumbo correcto, te perderás en la tormenta de pensamientos y cambios antes de lo que crees. Lo bueno es que la determinación es tan aprendible como la fuerza mental. Busca y encuentra los factores que te impiden tener éxito y elimina las distracciones o fuentes de interferencia para alcanzar el nivel óptimo de determinación.

El primer consejo puede ser una frase perenne en tus oídos que probablemente ya hayas oído muchas veces, pero que sin embargo es muy importante para tus futuros esfuerzos. Es: aprende de los errores. Todo el mundo los comete, y algunos pueden cometerlos con demasiada frecuencia, y todo el mundo conoce esa mala sensación posterior que se dispara por tu cuerpo como veneno después de cometer un error. Pero los errores son precisamente lo que te hace avanzar en tu camino, y son útiles para mejorar. Así que si aprendes a no ver tus propios errores o contratiempos como algo negativo, el primer paso en la dirección correcta ya está dado. Como una tarjeta de memoria adicional, el cerebro recuerda los errores cometidos y así puedes tomar la decisión en situaciones concretas de reaccionar correctamente y no repetir los percances que ya han ocurrido.

El segundo consejo sería desarrollar una dosis saludable de optimismo. Esto no significa que debas centrarte exclusivamente en lo positivo, sino que el optimismo sincero es simplemente necesario para acercarse un poco más a determinados objetivos y hacer realidad los propios sueños. No debes ver inmediatamente los problemas como obstáculos finales, sino como retos, y motivarte diciéndote a ti mismo una y otra vez "¡Puedo hacerlo!". El optimismo es un rasgo natural y humano, como ha demostrado la investigadora Shelley Taylor en varios estudios. En el proceso, desarrolló un concepto que dice que las personas sanas suelen ver todo de forma un poco más positiva de lo que es en realidad.

Otros estudios también han llegado a la conclusión de que los pensamientos positivos pueden afectar a nuestro bienestar físico y mental. En otro estudio, el investigador Shelley examinó la actitud mental y el curso de la enfermedad de hombres infectados por el VIH. Los resultados fueron más que concluyentes. Concretamente, descubrió que los enfermos que afrontaban su enfermedad con confianza se mantenían significativamente más sanos que los que la abordaban con una actitud negativa. Los que asumieron desde el principio que sufrirían síntomas graves o determinados también tenían más probabilidades de padecerlos que los que esperaban una evolución mejor o buena. Aunque los resultados aquí expuestos se refieren a una enfermedad muy concreta, hay muchos otros resultados que apoyan su tesis del optimismo saludable.

Tienes que pensar en tu cerebro como en un ordenador, con redes y software, y todo tu ser, cómo te hablas a ti mismo y cómo te tratas, es el programa que se ejecuta en él. Por tanto, si crees firmemente que vas a enfermar, será cierto. Lo mismo ocurre con la fe en ti mismo. Si sigues diciéndote a ti mismo que nunca llegarás a nada y que nunca alcanzarás tus objetivos, tu programa funcionará con eso y nunca te convertirás en la persona que aspiras a ser. Tu ordenador está siendo constantemente intervenido por tu mente, por lo que es importante que tomes conciencia de los pensamientos negativos.

Nuestro cerebro tiene dos departamentos: El primero es el cerebro, que se encarga de procesar los miles y miles de datos que recibimos cada día y de coordinar nuestros procesos de pensamiento. La segunda división tiene otras áreas cerebrales más pequeñas que se consideran muy antiguas según la historia evolutiva de la humanidad, ya que las teníamos antes de que el cerebro empezara a crecer. Estas partes más antiguas del cerebro se defienden del cerebro más sensato en situaciones críticas o difíciles, como si, por ejemplo, cogiéramos una placa caliente que acabamos de utilizar para comprobarla, sabiendo que en realidad sigue caliente.

En esos momentos, las áreas más pequeñas del cerebro están al mando y deciden dominantemente realizar ese movimiento en contra de nuestro mejor juicio. Así que podrías pensar en estas áreas como una especie de centro de control, porque controlan la mayoría de nuestras funciones corporales automáticas. Mientras estás leyendo esta frase, no tienes que pensar conscientemente en inspirar y espirar o en dar a tu corazón la orden de latir, porque estas áreas determinadas asumen estas tareas vitales por ti.

Tu sistema nervioso también desempeña su papel, ya que el sistema nervioso autónomo está controlado principalmente por las pequeñas áreas del cerebro. Las funciones vitales se olvidarían o las realizarías incorrectamente si tu sistema no se ocupara de ello por ti. Puedes acceder voluntariamente a otras funciones, como los movimientos de tu cuerpo, porque están controlados por el sistema nervioso voluntario. Este sistema nervioso está controlado a su vez por el cerebro. Así pues, el sistema nervioso autónomo no sigue el viejo adagio: "Piensa primero, luego actúa", sino que hace exactamente lo contrario. En cuanto recibe el primer impulso, reacciona inmediatamente, ya que nuestro sistema lo considera esencial para la supervivencia.

El sistema nervioso voluntario se lleva la peor parte en lo que respecta a la velocidad y, por tanto, tiene poco que decir al respecto. Para explicar brevemente este proceso con más detalle, he aquí un ejemplo: estás de pie delante de un terrario, observando una tarántula adulta, y aunque sabes que estás protegido por el cristal que te separa de la araña, te sobresaltas en cuanto ésta hace un movimiento brusco. Así, tu cerebro vegetativo quiere decirte que emprendas la huida, aunque tu sistema nervioso voluntario intenta calmarte. Este instinto se remonta a la Edad de Piedra, porque entonces no había cristales que te protegieran de los animales salvajes.

Así que, independientemente de las tareas que estos dos sistemas opuestos estén realizando en ese momento, siempre acaba en procesos de pensamiento o reacciones corporales para ti. Por lo tanto, es aconsejable que también te fortalezcas mentalmente para esas reacciones del cuerpo. Una mentalidad positiva es uno de los componentes más importantes de la fuerza mental.

El tercer consejo es aprender de los demás y alegrarte de tus éxitos. A veces la gente necesita fijarse en los demás para comprender ciertas situaciones y construir una fuerza interior. Intenta no sentir envidia ni rencor cuando veas que otras personas de tu entorno celebran sus éxitos. La envidia sólo se produce cuando el sentimiento de no ser lo bastante bueno se apodera de ti y empiezas a compararte con los demás. En el peor de los casos, esta emoción puede llevarte a menospreciar los éxitos de los que te rodean, o incluso tentarte a boicotear deliberadamente sus éxitos. En el mejor de los casos, sin embargo, este sentimiento puede servirte de impulso y hacer que trabajes en ti mismo o incluso que te superes. Tal vez incluso los tomes como modelo y te inspires en sus avances. Fiel al lema: Si otros lo han hecho, tú también puedes.

El cuarto consejo es admitir tus miedos y debilidades. Una debilidad puede ser muchas cosas, por ejemplo una incapacidad física o una imperfección moral y de carácter. A lo largo de nuestra vida, basándonos en ciertas afirmaciones de nuestros padres o en experiencias de la infancia, desarrollamos una norma muy personal con la que nos medimos una y otra vez. A esto se añaden las exigencias e influencias de los medios de comunicación, que están muy alejadas de la realidad y aumentan aún más nuestras propias inseguridades. Para poder aceptar las debilidades, es importante conocerse bien y reflexionar sobre uno mismo. Pregúntate qué significa para ti ser débil y permite también esas debilidades, porque es completamente humano. Observa qué dificultades podrían desviarte de tu camino y apoya tus debilidades tanto como tus miedos. Trabaja específicamente en ellas y verás y, sobre todo, sentirás el éxito.

El quinto consejo consiste en ser consciente de tus emociones. La gente monta en cólera rápidamente en determinadas situaciones, reacciona irracionalmente y se enfada después por no haber gestionado de otro modo un conflicto o una situación. Las emociones oscurecen la visión de las cosas, como también habrás notado en ciertos momentos, y por eso es tanto más importante darse cuenta conscientemente de las propias emociones para que sea posible un comportamiento más justo y adaptado. Las emociones son una guía muy personal para nosotros, los humanos, aunque a menudo resulte difícil interpretar o percibir correctamente los muchos sentimientos diferentes.

Las emociones provocan ciertos cambios físicos y hacen que surjan determinados comportamientos. Coordinan los distintos sistemas biológicos del cuerpo: nivel de tensión, expresión facial, músculos, nervios y hormonas para mantener el cuerpo preparado para reaccionar. Pero si se ignora este ritmo del cuerpo y se reprimen constantemente los sentimientos, esta preparación se confunde y ya no es posible actuar correctamente. Al reprimir los sentimientos, el cuerpo puede incluso enfermar a largo plazo. Así pues, quien vive realmente sus sentimientos y les da expresión, también cuida de sí mismo y de su salud.

Tienes que pensar en la fuerza mental como en una especie de músculo y cuanto más entrenes este músculo, más fuerte se hará. De ahí viene también el nombre de "entrenamiento mental". Sin embargo, para el entrenamiento mental no basta con ir al gimnasio y entrenar allí tus músculos. Para que puedas poner en práctica seriamente el entrenamiento mental, a continuación se explicarán algunos pasos que te ayudarán.

Al principio, esta tarea tiene como objetivo afrontar retos menores. Estos pueden variar increíblemente dependiendo de la persona. Puedes empezar con un primer paso algo más sencillo, como ducharte con agua fría cada mañana. Este comienzo puede convertirse rápidamente en una rutina bien practicada. Otro punto de la lista es aprender a decir que no. A nadie le gusta rechazar el deseo de otra persona ni le parece estupendo rechazar invitaciones. Precisamente por eso, la gente dice "sí" demasiado deprisa y no se cuestiona si realmente lo quiere hasta que es demasiado tarde.

Los adultos, en particular, están constantemente agitados y bajo presión, y por eso no se toman el tiempo necesario para cuestionarse ciertas pautas de actuación.

Siempre debes decidir por ti mismo cómo quieres emplear tu tiempo y no dejar que los demás te influyan. Un consejo bienintencionado para las personas que se encuentran en lo que acabo de decir: Respira hondo tres veces antes de tomar una decisión o dar una respuesta.

Del mismo modo, levantarse temprano todos los días o ir en bici al trabajo puede ser un reto. Si sigues proponiéndote retos más pequeños, te harás mentalmente más fuerte día a día. Sin embargo, los retos no deben ser ni demasiado pequeños ni demasiado grandes, porque si los consideras demasiado pequeños, entonces no es realmente un reto, y si son demasiado grandes, a la larga no conseguirás dominarlos una y otra vez.

La segunda tarea podría ser una mentalidad de retroalimentación que te funcione. Tienes que tener cuidado de aceptar los contratiempos e intentarlo una y otra vez, porque el hecho de que algo no funcionara la primera vez no significa que nunca vaya a funcionar. Cuando aprendiste a montar en bici y te caíste la primera vez, lo más probable es que te volvieras a levantar y lo intentaras de nuevo. Cuanto mayores sean tus objetivos y aspiraciones, mayores serán los problemas que conllevan, pero son solucionables con la mentalidad adecuada. Como he dicho, un contratiempo no es motivo para rendirse, simplemente a veces hay que cambiar de estrategia para seguir adelante.

El tercer paso es rebajar las expectativas y aceptar que las cosas no siempre son fáciles. A menudo ocurre que la gente se desanima rápidamente por tener expectativas demasiado altas, porque en realidad las cosas suelen resultar más difíciles de lo esperado. Tanto si se trata de un objetivo de ascenso como de desarrollo personal, nada en la vida te viene dado y nunca debes esperar que el camino hacia tus objetivos sea fácil. Existe una buena pauta que algunos pueden o no querer seguir. Esta es: espera lo mejor, espera lo peor y tómalo como venga.

El cuarto paso consiste en analizar racionalmente los propios sentimientos. Hasta cierto punto, puedes controlar tus sentimientos, pero aquí es donde la cosa se complica un poco, porque aquí la fuerza mental desempeña un papel muy grande y decisivo. Aunque las personas mentalmente fuertes se sientan naturalmente tristes, debilitadas o deprimidas a veces, estos sentimientos no las alejan de su objetivo real. En la mayoría de los casos, el problema no son sólo los sentimientos negativos, sino la propia evaluación de los mismos. Cuando la evaluación de uno mismo se vuelve demasiado dura, o cuando simplemente somos injustos con nosotros mismos, empezamos a estancarnos en algo. Rápidamente te ves a ti mismo como un fracasado y tienes la opresiva sensación de no haber conseguido lo que querías conseguir. Por eso es tan importante tener control sobre nuestras emociones, porque sin él derivamos rápidamente hacia una especie de histeria y cada vez resulta más difícil construir la estabilidad interior.

El quinto paso: No intentes complacer a todo el mundo. Por supuesto, es una cualidad muy buena que tengas empatía y, por tanto, prestes atención a los sentimientos de tus semejantes, sin embargo, no debe convertirse en un hábito que sólo actúes según lo que los demás a tu alrededor quieren de ti. Sobre todo, nunca debes dar tu consentimiento a todo sólo para evitar conflictos o discusiones. Un comportamiento así tiene un alto precio, pues tu salud y también tus relaciones se resentirán enormemente. Además, agota la mente, porque intentar complacer a todo el mundo todo el tiempo es agotador y conduce a una imagen negativa de uno mismo. Tu luz interior parpadea cada vez más hasta que posiblemente se apague por completo.

¿Qué aprendemos de esto? Prepárate para estar en desacuerdo con otras personas si es necesario. No intentes agradar a todo el mundo y acepta que no gustarás a todo el mundo. Este ejercicio te ayudará a valorar más tu propia opinión que la de los demás. La gente te tratará como quiera, si tú se lo permites. Intenta respetarte al máximo.

El sexto paso pretende ayudarte a desarrollar los hábitos adecuados. Los hábitos cotidianos son comunes a casi todo el mundo en esta tierra, ya sea levantarse siempre a la misma hora, guardar el lavavajillas siguiendo un patrón determinado o cantar alto y torcido en la ducha: También es un hábito de la gente intentar alcanzar sus objetivos por pura fuerza de voluntad. Aunque esta fuerza es fuerte y a menudo abundante, no es constante ni fiable y, desde luego, no es inagotable. Las personas de éxito no confían únicamente en su fuerte voluntad, sino que desarrollan los hábitos adecuados.

Hay buenos y malos hábitos. Los buenos te ayudan a convertirte en la persona que quieres ser. Los malos luchan contra esta aspiración y te impiden alcanzar todo tu potencial e intentan interferir en tu desarrollo personal. Empieza a intentar eliminar tus hábitos. No te obsesiones demasiado con un solo punto u objetivo y piensa en qué buenos hábitos pueden servirte de apoyo.

El séptimo y último paso gira en torno a centrarte sólo en lo que realmente puedes controlar. Entrenas tu fuerza mental cuando te centras exclusivamente en las cosas que también están dentro de tu poder. Poner tu atención en algo sobre lo que no puedes influir ni cambiar debilita tu fuerza mental. La gente aprende a través de la retroalimentación. Al centrarte en las cosas que son controlables, superas las debilidades personales, cambias y alcanzas tus objetivos, y gracias a ello el cerebro se da cuenta de que tiene cierto control. Sólo está en tu mano cómo te presentas ante los demás y cómo te enfrentas a ellos, pero no tienes poder sobre si sienten simpatía por ti. Sólo tú puedes determinar y controlar cómo educas a tus hijos, pero no está en tus manos lo que hagan con sus vidas.

En conclusión, céntrate concretamente en las cosas en las que puedes influir y no malgastes tu energía en otros proyectos o ideas incontrolables. Tu tiempo es demasiado precioso y valioso para aferrarte a algo que no tiene perspectiva.

He aquí una sugerencia adicional que gustará mucho a algunas personas, pero que desanimará a otras: Escribe un diario. Sí, está pasado de moda, pero funciona. Aunque este método suene un poco banal o gastado al principio, algunas personas exitosas y felices juran por este mismo consejo. Mediante anotaciones regulares en un diario compartes tus sentimientos, preocupaciones y miedos, y así puedes intentar desterrarlos permanentemente de tu mente. En tus palabras escritas puedes desahogar tus frustraciones cotidianas, lo que puede ayudarte a alcanzar la paz interior y la relajación. Los diarios ayudan a seguir y evaluar la evolución personal y aumentan las posibilidades de éxito, ya que los objetivos escritos tienen más probabilidades de alcanzarse que si fueran meros pensamientos. Además, de esta forma documentas las fases de tu vida, lo que te da la oportunidad de describir situaciones en las que has demostrado fortaleza mental y así tenerlas de nuevo ante tus ojos. De este modo puedes aumentar tu autoconfianza y tu fuerza mental.

Errores típicos en el entrenamiento mental

El entrenamiento mental es un proceso muy rutinario, ya se ha descrito la comparación con la coreografía. Un cierto número de personas, que puede no ser tan pequeño, decide fortalecerse mentalmente y quiere entrenarse de forma óptima. Al principio de todo, estas personas están literalmente rebosantes de motivación, pero desgraciadamente ésta vuelve a decaer con relativa rapidez en las primeras semanas. Muchos pueden preguntarse si el entrenamiento mental es algo para ellos en absoluto, e incluso llegar a la conclusión de que no deberían hacerlo en absoluto, porque no parece funcionarles. No tiene nada que ver con el entrenamiento, sino con su enfoque, que es erróneo desde el principio. Como con cualquier otro entrenamiento, es importante tener un plan y una estructura antes de empezar. Así que el primer gran error es no tener objetivos claros.

Un plan de entrenamiento siempre se basa en tu posición de partida y, por supuesto, en el objetivo claro que quieres alcanzar. Exactamente lo mismo se aplica a tu plan de entrenamiento mental. Antes de empezar, tienes que tener claras algunas cosas, como en qué áreas quieres hacerte más fuerte y, como acabamos de mencionar, cuáles son tus objetivos. Debes ser consciente de tus puntos fuertes y débiles y saber qué obstáculos mentales tienes que superar.

El error número dos es ignorar las propias debilidades. Probablemente a todo el mundo le gustaría olvidarse por completo de que existen debilidades personales y dedicarse sólo a sus puntos fuertes, pero esto no es aconsejable. Las distintas sesiones de entrenamiento suelen ser divertidas y ofrecen la oportunidad de potenciar los puntos fuertes de cada uno. A largo plazo, sin embargo, los puntos débiles también deben encontrar un lugar en el plan de entrenamiento, porque al final hay que superarlos. Se trata de un proceso hasta conseguirlo. Pero en cuanto se completa este proceso, el desarrollo personal progresa mucho más rápidamente.

El tercer error se aplica probablemente a un porcentaje mayor de personas. Se trata de no tener paciencia. Con el entrenamiento físico, el éxito o el progreso son más previsibles, mientras que con el entrenamiento mental puede pasar mucho más tiempo hasta que sientas un éxito tangible. Nuestro cerebro necesita un cierto periodo de adaptación, hay que entrenar la cabeza y esto requiere mucho tiempo y energía. En el primer paso, debes permitirte unos tres meses y luego evaluar si se han hecho progresos notables.

El cuarto error es evaluar la evolución de un día para otro. Quizá conozcas el dicho: "Intenta ser cada día un uno por ciento mejor de lo que fuiste ayer". En el fondo, la intención de este consejo no es tan errónea, ya que debería impulsarte a mejorar cada día. Sin embargo, lo del uno por ciento no está bien pensado, ya que rara vez se puede medir la mejora en porcentajes, y menos en uno solo. Además, si sigues este consejo, tu frustración podría aumentar considerablemente y agotar aún más la poca paciencia que tienen algunas personas, porque es difícil ver el éxito basándose en una comparación diaria. Sin embargo, si comparas cada cuatro o seis semanas, notarás diferencias y mejoras significativas.

El quinto error que se comete a menudo es entrenarse mentalmente sólo entre las propias cuatro paredes. Por supuesto, el propio hogar es la zona de confort perfecta, uno no es molestado y puede concentrarse plenamente en sí mismo sin ser irritado por ruidos molestos o que distraigan. Pero una parte esencial del entrenamiento mental consiste en salir de la zona de confort y exponerse a las influencias exteriores, pues de lo contrario nunca se conseguiría superar ningún obstáculo y crecer a partir de él. Difícilmente habrá ningún reto esperándote en el salón de tu casa, al menos ninguno que realmente te desafíe. Las diversas influencias de la vida son ruidosas, brutales y están llenas de distracciones, pero son esenciales para que sigas construyendo y entrenando tu fuerza mental.

Intentar vencer a tu propia cabeza con, bueno, tu propia cabeza es otro error. Muchos problemas pueden resolverse a nivel mental, pero esto implica un esfuerzo extraordinario. En esos momentos en los que casi te pierdes en tus propios pensamientos, debes intentar relajar la mente y utilizar el cuerpo para ayudarte. Nuestra mente puede ser el laberinto más puro, pero el cuerpo puede mostrarnos de nuevo la salida.

Cuando tu mente esté ocupada con un torrente de pensamientos, intenta respirar hondo y centrarte por completo en tu respiración. Respira de forma constante y definida. Luego intenta exhalar durante el mayor tiempo posible y sentirás que el caos de tu mente se calma y la niebla se despeja. Así que ambas áreas tienen una gran influencia mutua. Por tanto, también debes saber cómo utilizar las dos.

Si crees que todo esto suena bien y quieres tenerlo en cuenta por si tienes dificultades, debes saber que el entrenamiento mental no es para determinadas ocasiones. Utilizar el entrenamiento mental sólo de vez en cuando dará el mismo resultado que si sólo hicieras ejercicio para conseguir la figura de tus sueños cada pocos meses: es decir, ninguno. Así pues, el entrenamiento mental no es una cuerda para sacarte del agujero en el que ya has caído, sino para evitar que caigas en él en primer lugar. Así que empieza ya, preferiblemente hoy, y márcate objetivos claros que quieras alcanzar conscientemente. No dejes de lado tus debilidades y enfréntate a tus miedos para poder crecer a partir de ellos. Acepta el aquí y ahora tal como viene.

Las diferencias del entrenamiento mental en psicología clínica y deportiva

Ya has aprendido que el origen real del entrenamiento mental se encuentra en el ámbito deportivo y que los deportistas siguen utilizándolo activamente. Más tarde, a este método clásico de entrenamiento se añadieron otros métodos psicológicos, como la regulación de la atención, la regulación de la autoconversación, así como el entrenamiento pronóstico y muchos otros métodos, que se denominaron entrenamiento mental. En psicología, la medida de la intensidad de la atención es la concentración. Se trata de determinar la falta de atención asociada a otros objetos mediante la atención y una determinada selección de objetos.

La regulación de la autoconversación es otra forma de entrenamiento mental. Ofrece al deportista la posibilidad de optimizar la observación del cuerpo mediante la automotivación interior y controlar así determinadas secuencias de movimiento. También fomenta la confianza en uno mismo. El entrenamiento pronóstico se utiliza en el deporte para aprender la forma correcta de afrontar el estrés mental. Para ello, se fijan objetivos de antemano y después, una vez realizada la tarea, se compara si se ha avanzado hacia la consecución del objetivo y en qué medida.

Si el deportista no alcanza sus propias expectativas, deben determinarse las razones de ello. El método debe permitir al deportista hacer una autoevaluación realista y prepararse mejor para posibles contratiempos. En psicología deportiva, el entrenamiento mental se aplica de forma que se practique la imaginación repetitiva de un curso de acción relacionado con el deporte sin, por supuesto, realizar la acción uno mismo. En esta forma de entrenamiento mental, se combinaron ejercicios de relajación con imaginaciones visuales y auditivas, de modo que pudieran adaptarse de forma óptima los requisitos psicodeportivos.

El efecto conseguido a través de la mejora de la secuencia de movimientos en la imaginación consciente tiene por objeto provocar una mejora posterior en los movimientos realmente realizados. Dependiendo de lo bien que el deportista consiga meterse en esta ilusión, mejores serán los resultados. Aquí, no sólo la cabeza, sino también el cuerpo deben desempeñar un papel igualmente importante, porque ambas zonas deben estar en armonía y entrenarse con regularidad para poder hacer coincidir realmente las acciones entre sí. Existe un nivel mental y físico adecuado para cada acción, según se supone. Por lo tanto, este entrenamiento también se centra en reducir la activación mediante la relajación. El entrenamiento autógeno y la relajación progresiva como ejercicios de relajación también ayudan en este sentido.

La psicología del deporte evalúa los beneficios de la ambición a través de la búsqueda del éxito. Dependiendo de la fuerza de la ambición, ésta puede influir activamente en nuestro comportamiento. Las personas orientadas al rendimiento tienen más resistencia y no se dejan abatir tan fácilmente por los contratiempos. Por otra parte, la ambición también puede ser un obstáculo en la medida en que las expectativas que tenemos de nosotros mismos ya no se corresponden con la realidad. La ambición por sí sola no suele bastar para alcanzar un éxito óptimo. La aceptación incondicional de las debilidades o de los sentimientos inhibidores es un requisito necesario para recuperar ciertos logros en lugar de suprimirlos mediante el entrenamiento mental. Cada persona sólo dispone de una cantidad limitada de atención y cuando estos recursos se utilizan para controlar los sentimientos inhibidores, sólo queda una cantidad limitada de atención para completar la actuación real. Por lo tanto, es una recomendación absoluta aceptar estos sentimientos como realidades necesarias en una situación competitiva y no luchar contra ellos. Aunque en este caso el deportista se pone en una situación exigente, esta aceptación incondicional le lleva a calmarse. Suena paradójico, pero es un hecho. La aceptación del deportista supera sus miedos, despierta una nueva motivación y desarrolla el valor para enfrentarse a nuevos retos.

El modelo de las 4C es un modelo que se originó en un contexto deportivo, pero que puede aplicarse con la misma facilidad a otras situaciones. Procede de Clough y Earle y forma parte de la herramienta de medición científica de la fuerza mental. Los cuatro pilares del modelo están formados por la autoconfianza: la firme creencia en las propias capacidades. Desafío: no tener miedo a los retos y ver la oportunidad de crecer a partir de cualquier obstáculo. Control: estar convencido del propio control y ver los acontecimientos como consecuencia de las propias acciones. El último pilar sería el autocompromiso: hacer de la consecución del objetivo una prioridad. A estos atributos ya conocidos se añadieron dos factores más: el control de las emociones y la confianza interpersonal. El control sobre las propias emociones, también llamado regulación de las emociones, es enormemente importante para controlarlas y determinar nuestro comportamiento. La confianza interpersonal se define por presentar una determinada expectativa ante ciertos individuos y poder confiar en las promesas, ya sean verbales o escritas. En la vida cotidiana, estos factores pueden servir de apoyo.

La actitud personal es la clave del éxito. Los deportistas son casi sobrehumanos en determinadas situaciones y tienen que soportar mucha presión para rendir, tanto de ellos mismos como de sus compañeros. Además, tienen que estar en forma para rendir al máximo. Su objetivo es subir a las medallas de oro y a los podios de los ganadores, quieren superarse a sí mismos y disfrutar del hecho de que el éxito parece atraerles mágicamente. Nuestros pensamientos son responsables de cómo vemos el mundo. Los atletas utilizan determinados patrones de pensamiento para visualizar y así conjurar su victoria. En los negocios, este método apenas se utiliza, si es que se utiliza, aunque pueda preverse una cierta trayectoria. En psicología clínica, sin embargo, se utilizan algunos de estos métodos y, por tanto, los pacientes tienen la posibilidad de acceder a recursos casi sin explotar.

En la nueva era, el entrenamiento mental se utiliza ahora también en psicología clínica en el campo de la psicosomática. En medicina, la psicosomática se refiere a un enfoque y una teoría holísticos de la enfermedad. En ella, los patrones de reacción y las capacidades mentales de las personas en relación con la enfermedad y la salud se consideran en su conexión con los procesos físicos. En el caso de enfermedades físicas en las que los factores psicológicos también influyen en el proceso de curación, en determinadas clínicas se utilizan procedimientos psicoterapéuticos para la curación. A las personas que padecen enfermedades físicas, como hipertensión o dolor crónico, a menudo les resulta difícil desarrollar la perspicacia necesaria para buscar tratamiento psicoterapéutico. Sin embargo, si se ofrecen los mismos procedimientos con el nombre de "entrenamiento mental", puede aumentar la disposición de los pacientes.

Así pues, las diferencias entre la psicología del deporte y la psicología clínica son bastante serias. En un campo se trata de satisfacer las expectativas de uno mismo mediante diversos métodos, mientras que en el otro se trata de llevar tratamientos enriquecedores para la vida a personas que podrían rehuirlos sin el añadido del entrenamiento mental.

¿ENTRENAMIENTO MENTAL O MILAGROS?

Seguro que has oído hablar de ello, o al menos lo has leído, porque la gente sigue hablando de este suceso hoy en día. El capitán de vuelo Chesley Sullenberger, de 57 años, realizó un aterrizaje de emergencia de su Airbus con seguridad en el río Hudson, en Nueva York, con dos motores averiados y casi doscientas personas a bordo. Logró lo imposible y salvó así exactamente 155 vidas. El mundo entero habló de un milagro innegable, pero desde el punto de vista psicológico había ocurrido algo muy distinto: El capitán realizó esta maniobra, mostrando cómo, a pesar de las circunstancias casi inconcebibles, llevó a cabo la hazaña que había estado practicando todos estos años. El mero hecho de imaginar una acción o un movimiento activa las mismas zonas del cerebro que el propio movimiento. Entonces, ¿se trata de un milagro, o es en realidad un entrenamiento hábil y una prueba de verdadera fuerza mental?

Una vida más feliz con el aprendizaje de la fuerza mental

Has aprendido todas las áreas del entrenamiento mental y sabes para qué se necesita la fuerza mental y cómo entrenarla. Incluye una cantidad insana de repeticiones, pero también aspectos psicológicos muy importantes y versátiles, pero también las influencias médicas y humanas son una parte esencial de qué efecto tiene la fuerza mental y qué la constituye exactamente.

Puede que aún te estés preguntando por qué hay grupos de personas tan diferentes. Están los que, a pesar de sus constantes esfuerzos, no consiguen hacer nada y se sienten atraídos casi mágicamente por el fracaso. Luego están las personas que lo dan todo y consiguen sus objetivos con mucho esfuerzo y tiempo invertidos. Sin embargo, a pesar de su éxito, estas personas están demasiado agotadas al final como para poder alegrarse de haberlo conseguido realmente. Por supuesto, también hay personas que consiguen todos sus objetivos en la vida con facilidad y alegría, sin haber hecho ningún gran esfuerzo.

La razón de ello no se debe a las circunstancias de las que proceden estas personas, ni a su escolarización ni a la lengua que puedan hablar. Depende del nivel mental y emocional y de su actitud personal al respecto. Quienes comprenden las recetas mentales del éxito y las interiorizan, pueden recurrir a ellas en cualquier momento y utilizarlas en los momentos decisivos.

Una ley emocional muy importante es que todo poder personal procede de lo más profundo de nuestro interior. Si nos interponemos en nuestro propio camino mediante sentimientos negativos o pensamientos angustiosos, nunca llegaremos a donde realmente queremos ir, ni alcanzaremos la calidad de vida que deseamos. Nuestro mundo emocional debe estar en absoluto equilibrio y, por tanto, debe acabar que los humanos nos hagamos tan dependientes de las influencias externas.

Si abres los ojos, hay un flujo constante de personas a tu alrededor que se esfuerzan por alcanzar la satisfacción y buscan desesperadamente las pautas para tener un éxito garantizado en la vida, aunque normalmente están buscando en los lugares equivocados, porque todo lo que necesitan para lograrlo ya está dentro de ellos. Casi todo lo que necesitas para alcanzar tus objetivos está dentro de ti. Es tu propia responsabilidad qué patrones de pensamiento permites y si puedes reunir la concentración necesaria para sustituir tus propias creencias negativas por otras positivas.
Cada persona debe intentar encontrar sus propios valores y vivirlos. Primero debes reconocer tus miedos y preferencias antes de empezar a moldear activamente tu vida. Ganar fuerza mental puede cambiarte la vida, quizá hasta el punto de dejar tu trabajo, mudarte al extranjero o iniciar una nueva

relación. Pero antes de que todo esto ocurra, tienes que defenderte y centrarte por completo en lo que realmente quieres. Sólo entonces podrás sentir y utilizar la fuerza mental sin restricciones.